ÉTUDE

SUR

LE SUFFRAGE DIRECT ET UNIVERSEL.

ÉTUDE

SUR

LE SUFFRAGE DIRECT ET UNIVERSEL.

—

DE L'INSUFFISANCE

DE SON MODE ACTUEL D'EXPRESSION

ET DU MOYEN D'Y OBVIER

TOUT EN SIMPLIFIANT L'ÉLECTION ET ORGANISANT LES CANDIDATURES.

PAR HIP. MAUBERT,

AVOCAT.

Rien n'est beau que lo vrai.
(BOILEAU.)

———

A PARIS.

CHEZ JOUBERT, RUE DES GRÈS, | CHARPENTIER, PALAIS NATIONAL,
N° 14. | GALERIE VITRÉE

A BESANÇON.

BINTOT, IMPRIMEUR-LIBRAIRE, PLACE St.-PIERRE.

1848.

AU LECTEUR.

L'auteur de cet aperçu n'est point écrivain ni publiciste ; il n'a d'autre titre à l'attention du lecteur que sa foi vive dans les institutions démocratiques et son ardent désir de les voir tendre, par la perfection de leur mécanisme, au *summum* de vérité et de justice qu'elles seules, à ses yeux, sont susceptibles d'atteindre.

C'est sur ce seul appui qu'il ose venir émettre quelques réflexions concernant le sujet politique sans contredit le plus important de la constitution qui va nous être donnée ; ces réflexions portent sur le droit de suffrage, et sur la manière incomplète, à ce qu'il lui a paru, dont il est encore aujourd'hui compris et pratiqué.

S'il a conçu le projet de publier ces pensées, et s'il y a persisté, ce n'est point qu'il ne sente toute la hardiesse de son entreprise, et qu'il n'aperçoive toute l'inaptitude que lui font, en face de l'objet dont il s'agit, son obscurité et l'exiguité de ses forces; mais il a pour principe que toute idée se doit à la société dès qu'elle remplit la double condition d'avoir été inspirée par le sentiment et la recherche du bien public, et d'avoir été étudiée sérieusement.

Il a espéré que ce motif qui le déterminait à mettre de côté toute autre considération, déterminerait aussi le lecteur à ne faire attention qu'à ce qu'il aurait écrit, et non au style dans lequel il l'aurait écrit, et que si ses sentiments sont bons et ses pensées justes on lui pardonnerait les défectuosités de sa manière de les rendre.

ÉTUDE

SUR

LE SUFFRAGE DIRECT ET UNIVERSEL.

Nous avons pris à tâche de démontrer :

1° Que le suffrage direct et universel, tel qu'il est pratiqué actuellement, n'est point *complet*, c'est-à-dire n'a pas tout ce qu'il faut pour exprimer, dans tous les cas, sur chaque candidat, la pensée du votant.

2° Que le suffrage universel et direct, ne peut cependant être vrai de toutes les forces de sa vocation, qu'en étant *complet*.

3° Qu'il ne peut non plus, sans cela, atteindre à toute la bonté dont il est susceptible : qu'en effet *partiel*, comme on le pratique, il tend à donner naissance à des assemblées livrées à l'esprit de parti, passionnées et par là sujettes à la *discorde*, source de l'erreur et du mal.

Que *complet* au contraire, il serait apte à créer des assemblées de fusion, n'admettant dans leur sein que la recherche calme et impartiale du vrai et du bien, que la *discussion sans discorde*, qui seule découvre ce vrai et ce bien, et en permet la réalisation.

Sur chacune de ces trois propositions successivement précisées et mises en question, nous allons présenter à l'appréciation de nos concitoyens les considérations qui les font être pour nous des vérités : — La première question n'aura presque pas besoin de développements ; et sur les deux autres nous chercherons à ne dire que le nécessaire.

Enfin, dans l'exposé que nous ferons en terminant, de ce

qui constituerait le procédé matériel d'une élection à suffrage complet, nous parlerons de la simplification de l'élection et de l'organisation des candidatures.

PREMIÈRE QUESTION.

« Le suffrage, tel qu'il est pratiqué, est-il complet?
» c'est-à-dire le mode actuel de vote dans l'élection est-il
» bien propre à constater le mieux possible l'esprit général
» de l'ensemble des électeurs?—En ne donnant le choix sur
» chaque nom de candidat qu'entre le vote affirmatif et le
» silence, ne laisse-t-il pas à tort confondues dans un même
» effet, faute d'offrir au votant des manières diverses de les
» exprimer, deux choses cependant bien différentes et qu'il
» serait important de distinguer, savoir : d'une part le dé-
» faut absolu de confiance dans un candidat, qui fait qu'on
» entend le repousser; et d'autre part la simple infériorité
» de confiance dans tel autre candidat, qui fait que, sans le
» repousser, on n'a pas à le comprendre dans son bulletin,
» parce que les candidats qu'on lui préfère suffisent au nom-
» bre de mandataires à élire. »

Avoir énoncé cette 1re question, c'est, ainsi que nous le
disions à l'instant, l'avoir à peu près résolue.

Il est évident en effet que ce n'est pas la meilleure méthode possible de consulter l'opinion électorale, sur l'aptitude d'un citoyen à telles ou telles fonctions, que la méthode
qui se borne à faire connaître le nombre des votes qui affir-
ment cette aptitude, sans rien dire du sens des autres, quand
cependant ces autres votes peuvent appartenir à deux sens
différents, bons à connaître et susceptibles de distinction
dans une autre manière de voter.

Cela, disons-nous, est évident au même titre qu'il va de soi que connaître, en outre des suffrages affirmatifs d'un candidat, ses suffrages de chacun des deux autres sens, et leur nombre respectif, c'est être mieux renseigné sur l'opinion du corps électoral à son égard que si l'on connaît seulement ce qui regarde ces votes affirmatifs par lui obtenus.

Prenons d'ailleurs un exemple.

Trois candidats sont en présence : Pierre, Paul et Jacques. Vous n'avez aucune confiance en Pierre ; il n'a à vos yeux ni le caractère, ni le savoir désirables, ni même de disposition à les acquérir. Il n'en est pas de même de Paul, à qui vous reconnaissez quelque mérite déjà, et de la disposition à en acquérir davantage. Mais vous lui préférez Jacques qui vous paraît de tout point plus mûr pour le mandat qu'il s'agit de conférer.

S'il y avait deux mandataires à élire, vous écririez le nom de Paul à côté de celui de Jacques ; mais il n'en faut qu'un : que vous fait alors faire le mode actuel de suffrage ? Il vous fait écrire le seul nom de Jacques, et omettre les deux autres, celui de Paul aussi bien que celui de Pierre.

Par là, votre suffrage vaudra à Jacques dans le chiffre qu'il obtiendra au dépouillement, en représentation de sa valeur dans l'opinion, une unité, ci   1

C'est bien, puisque votre sentiment sur son compte se trouve ainsi exprimé.

Puis, votre suffrage omettant le nom de Pierre, équivaudra pour lui dans le chiffre qu'il obtiendra, à zéro, ci 0.

C'est encore bien, puisque c'est encore conforme à votre volonté.

Mais la même omission de nom portant aussi sur Paul, équivaudra également pour lui dans son chiffre à zéro, ci 0

Et ceci n'est plus bien, car ce n'est plus là votre pensée, votre volonté.

Ce qui rendrait votre intention, ce serait que Paul eût de vous une sorte d'accessit, un suffrage intermédiaire ou demi-suffrage qui lui ferait à la fois un avantage sur Pierre et un moindre désavantage vis-à-vis de Jacques.

Le mode actuel de suffrage, en ne le permettant pas, n'est donc point aussi propre que possible à exprimer votre pensée, votre opinion, à renseigner sur elles; par là le suffrage universel et direct manque donc d'une qualité : il n'est pas complet.

Ainsi se trouve confirmée par l'inspection des faits l'évidence que nous réclamions déjà sans cela, pour la solution de notre 1re question, au nom de son seul énoncé. (Qu'on ne s'étonne pas trop du reste de ce mot *suffrage intermédiaire ou demi-suffrage*; non seulement la chose et le nom existent, comme nous le verrons, dans toutes autres appréciations d'aptitude que l'élection, et c'est ce qui fait leur supériorité sur elle; mais de plus, la chose existe même dans l'élection, faussement appliquée, il est vrai, et sans le nom, mais enfin elle y est.

Effectivement, ou le 2e tour de scrutin qu'emploie actuellement l'élection n'a aucun sens, et il faut le supprimer, et tout déterminer à la majorité comme qu'elle soit, absolue ou relative, du 1er tour, ou bien ce 2e tour est fait pour qu'il puisse y avoir des changements dans le vote, c'est-à-dire pour que des citoyens puissent remplacer cette fois des noms qu'ils avaient inscrits au 1er tour, par des noms qu'ils n'avaient pas inscrits, et auxquels ils accordaient donc moins de confiance qu'aux premiers.—C'est ainsi que ces suffrages nouveaux seront vraiment des demi-suffrages; seulement il plaît de les appeler suffrages entiers, en leur donnant la même valeur qu'à ceux-ci.

Et puis, chose bizarre, comme on soumet à l'épreuve du 2ᵉ tour, ou tour des demi-suffrages, celui qui aura eu la moitié des suffrages moins un, et non celui qui aura eu cette moitié plus un, il n'est pas rare que l'élu du 2ᵉ tour le soit avec plus de voix que l'élu de 1ᵉʳ tour. A qui donner alors le premier rang? Si c'est à l'élu du second tour, la majorité de l'autre élu dira qu'elle existait la première, que le rang qu'elle lui avait donné devait être définitif; si c'est à l'élu du premier tour, la majorité de celui du second dira que si elle n'a été formée qu'après l'autre, elle a été en définitive plus nombreuse, et que c'est là le grand point. — Tout cela est de l'incohérence, du chaos qui ne se rencontre pas avec la simple vérité.)

DEUXIÈME QUESTION.

« Pour être le plus vrai possible, le suffrage ne devrait-il
» donc pas être rendu complet ; c'est-à-dire ne serait-il donc
» pas à propos, pour arriver à une expression plus exacte
» de l'esprit de l'ensemble des votants, de porter à *trois*,
» les divers signes à l'usage du suffrage, et de faire entrer
» dans l'appréciation de la volonté électorale sur chaque
» candidat, les données fournies à son compte par le suf-
» frage, sous chacun de ces trois signes. Ces signes pour-
» raient être pour l'affirmation (équivalant à *un*), le mot
» *bon* ; pour le sentiment intermédiaire (équivalant à *un de-*
» *mi*), le mot *moins bon*, et pour la négation ou le rejet
» (équivalant à *zéro*), le silence ou signe tacite qui devien-
» drait spécial à l'expression de cette intention. »

Cette 2ᵉ question revient à demander, en se reportant à l'exemple ci-dessus posé : Vaut-il mieux pour le but qu'on se propose dans le suffrage qu'entre Jacques obtenant une unité, ci. 1

et Pierre obtenant zéro, ci. 0

vous puissiez placer Paul obtenant un demi, ci. . . 1/2

en donnant ainsi à ce dernier, dans votre suffrage, la place qu'il a vraiment dans votre appréciation ?

Ou vaut-il mieux au contraire que vous restiez obligé au sacrifice de votre véritable pensée sur ce candidat, par le mode actuel de suffrage qui vous force, comme nous l'avons vu, par l'inscription du seul nom de Jacques dans votre bulletin, à frustrer Paul doublement, 1° en n'exprimant pas pour lui l'avantage que votre pensée lui accorde sur Pierre ; 2° et en exprimant contre lui plus de désavantage qu'elle ne lui en attribue vis-à-vis de Jacques.

Ainsi traduite et précisée, il semble que notre 2ᵉ question ne devrait pas faire difficulté plus que la première, et qu'on devrait parfaitement conclure avec nous sa solution de la solution précédente ; car enfin, dès qu'on admet qu'il ressortirait de l'addition des signes négatif et intermédiaire au mode actuel du vote, une plus complète et plus fidèle émission de la pensée des électeurs, sur chaque candidat, ne faut-il pas convenir aussi qu'il y a lieu d'accepter l'addition de ces signes, et de faire concourir leurs données au résultat de l'élection ? et cependant nous prévoyons sur ce point des contestations.

OBJECTION.

Il est vrai, nous dira-t-on, qu'il y a une différence dans le sentiment public à l'égard d'un candidat, suivant que les

voix qui lui ont manqué entendaient le repousser absolument, ou seulement lui préférer celui ou ceux qu'elles ont
désignés; mais en somme, cela importe peu à connaître,
car ces distinctions supposées faites, il n'y aurait toujours
pas à en tenir compte; il faudrait toujours que le résultat de
l'élection se décidât d'après la majorité, c'est-à-dire d'après
l'avis du plus grand nombre, absolu ou relatif, suivant les
circonstances, ainsi que cela a lieu actuellement.

——

Cette objection se trouve en germe dans ce qu'écrivait,
non pas à propos de notre question, mais en en traitant une
autre, M. Eugène Greffier, dans un travail intitulé : *Légis-
lation électorale de la France depuis* 1789, qu'il a publié
à Paris dans la livraison de mars 1848 de la Revue de droit
français et étranger; il écrivait à la page 194 du volume de
l'année les lignes suivantes : « Qu'il me soit permis de dire
» qu'en matière d'élections, la sincérité absolue est impos-
» sible. En effet, un député nommé par la voie du suffrage
» universel ne sera toujours que l'élu d'une majorité impo-
» sant la loi à la minorité; il ne pourra donc pas se dire
» d'une manière absolue, le représentant de tous les citoyens
» faisant partie du collége qui l'a élu. Il faut par conséquent
» reconnaître que sous un pouvoir électif la vérité est là où
» la majorité a prononcé. »

Voilà bien le principe de l'objection prévue sur notre 2e
question; voici notre réponse.

M. Greffier énonce dans le passage que nous venons de
transcrire en tout quatre idées; et sur les quatre, il en
est d'abord deux sur lesquelles nous sommes entièrement
d'accord avec lui : c'est à savoir, 1o«.... Qu'en matière d'é-
» lections, la sincérité absolue est impossible. » Puis, 2o

« Que l'élu...... ne pourra donc pas se dire d'une manière
» absolue le représentant de tous les citoyens du collége qui
» l'a élu. »

Nous n'avons effectivement pas la prétention de faire qu'en
matière d'élections la sincérité soit absolue, mais seulement
plus grande ; ni par conséquent que l'élu puisse se dire d'une
manière absolue le représentant de tous les citoyens de l'assemblée qui l'a élu, mais seulement qu'il soit bien certain
pour lui et pour tout le monde qu'il représente bien le plus
possible l'esprit de l'ensemble des membres de cette assemblée ; et nous pensons qu'avoir obtenu ces résultats serait
encore quelque chose. — C'est-à-dire, en d'autres termes,
que nous pensons qu'il ne s'ensuit pas de ce qu'il y a fiction
à réputer sentiment de tous le sentiment d'une majorité,
qu'il ne faille pas tenir à calculer cette majorité de manière
à rapprocher le plus possible la fiction de la vérité. — Nous
croyons que c'est au contraire le cas d'y tenir fortement.

Ces mots de notre 2ᵉ question : « Pour arriver à une ex-
» pression plus exacte de l'esprit de l'ensemble des votants »
démontrent suffisamment qu'à cela se borne bien toute notre
prétention ; elle n'est donc point en désaccord avec les deux
idées sus-relatées de M. Greffier.

Restent les deux autres que voici : 1° « Un député nommé
» par la voie du suffrage universel, ne sera toujours que
» l'élu d'une majorité imposant la loi à la minorité ; — 2° Il
» faut par conséquent reconnaître que sous un pouvoir élec-
» tif, la vérité est là où la majorité a prononcé. »

Eh bien ! pour ces points-ci même, nous sommes encore
d'accord avec M. Greffier sur le principe ; nous différons
seulement sur l'application ; notre base est bien aussi *la majorité imposant la loi à la minorité*, et *la reconnaissance de*

la vérité-là où la majorité a prononcé, mais à la condition que cette majorité soit convenablement recherchée ; à la condition que ses éléments soient *tous* appelés à se manifester, et *tous* admis à concourir à sa fixation ; et c'est bien le moins, ce nous semble, qu'il soit procédé avec cette exactitude à la recherche de ce qui doit *faire ou prononcer la vérité.*

Voilà pourquoi nous regardons comme défectueux le mode actuel de procéder à cette recherche qui ne fait appel qu'aux suffrages affirmatifs et laisse toutes les autres voix sur la même ligne, sans provoquer entre elles aucune distinction. — Que cette manière de voter convienne aux assemblées délibérantes elles-mêmes, dans tous les cas où il s'agit d'une chose à décider, d'une mesure à prendre ou à ne pas prendre, d'une loi à établir ou à ne pas établir, nous le concevons ; car après que les amendements ont fait ou pu faire leur jeu, il ne peut s'agir là que de *oui* ou de *non.*

Mais quand il s'agit au contraire d'aptitudes à apprécier par une réunion d'électeurs, comme il y a des degrés, et que le fait de ne pas placer le nom de *tel* candidat dans son bulletin peut avoir, comme nous l'avons vu, deux sens, et signifier ou qu'on le rejette absolument comme inapte, ou au contraire qu'on entend seulement lui préférer, comme plus aptes, *tels autres candidats*, au défaut desquels on l'appellerait, nous disons, pour ce cas, que la véritable majorité ne peut se découvrir complètement, sans compter avec ces distinctions ; et que c'est se refuser le moyen d'arriver à une aussi exacte expression de l'esprit de l'ensemble des électeurs qu'on peut l'avoir, que de ne pas provoquer ces distinctions.

Eh quoi ! dans tous autres cas où il s'agit pareillement d'apprécier des aptitudes, dans nos écoles primaires, colléges ou lycées, pour décerner des couronnes ; dans nos facultés académiques, pour accorder ou refuser l'entrée aux écoles spéciales ; dans ces écoles spéciales et dans les autres écoles et facultés du haut enseignement, pour conférer ou non le certificat d'aptitude aux diverses fonctions sociales ; en octroyant ou non les brevets de capacité, les diplômes de baccalauréat, de licence ou de doctorat, l'on trouve bon de ne pas se borner à compter les bonnes notes, mais de faire au contraire entrer tout en ligne de compte, notes bonnes, moins bonnes et mauvaises ; et cela ne serait pas bon à faire pour l'appréciation par les citoyens de l'aptitude des candidats aux fonctions de gérants des affaires et intérêts publics.

Voyez où mène cette inconséquence. Deux candidats à un grade de faculté, Paul et Pierre, sont en présence de cinq examinateurs.

Pierre obtient trois suffrages affirmatifs, mais les deux autres sont négatifs ; et, par leur compensation avec deux des affirmatifs, ainsi que cela se pratique en pareil cas, il a en définitive pour résultat de son examen un suffrage affirmatif et quatre intermédiaires de la valeur pour le tout du nombre . . . . 3.

Quant à Paul, il n'a que deux suffrages affirmatifs, mais les trois autres intermédiaires, de la valeur pour le tout du nombre. . . . . 3 1[2.

Il sera donc classé le premier, et avec raison, par les examinateurs et recommandé avant Pierre à l'attention du gouvernement pour les emplois, et à la confiance publique pour les professions auxquelles conduirait cet examen.

Mais qu'il s'agisse au contraire d'élection, et qu'à la place d'examinateurs ce soient des électeurs à votes affirmatifs seulement, sans distinction de négatifs et d'intermédiaires,

Pierre reste avec sa majorité absolue de 3 suffrages sur 5,
lui valant....3 ; et Paul n'a plus, par ses deux suffrages affirmatifs, que le chiffre....2 ; de sorte qu'à l'inverse de ce
qui avait lieu dans l'examen, c'est Pierre cette fois qui, non
seulement passe le premier, mais qui est même le seul élu.

Quelle contradiction, et pourquoi cette différence d'appréciation suivant qu'il s'agit de toute autre fonction sociale,
ou de celle de représentant d'une population? Serait-ce donc
qu'un peu de vérité de plus ou de moins paraîtrait ici moins
important, et ne pas tirer autant à conséquence? On ne le
pense certes pas, et on ne sera sans doute pas plus disposé
à le penser, si les élections s'étendent à certaines fonctions
de la magistrature judiciaire, comme le propose le projet de
constitution.

Eh quoi! pouvons-nous dire encore, s'il s'agissait du choix
d'un instrument de travail, de quelque grande machine,
d'une presse par exemple, qu'aurait à se procurer une société de cent ouvriers, tous intéressés à ce que cet instrument fonctionnât bien, tous devant retirer ensemble les bé-
néfices ou souffrir les pertes qu'il occasionnerait, croit-on
qu'on ferait déterminer ce choix par la consultation de la
majorité telle qu'elle se pratique actuellement en matière
électorale ? — Certes, ces ouvriers entendraient exprimer
complètement leurs opinions sur la qualité des objets sou-
mis à leur appréciation, de façon qu'il fût connu, sur chacun de ces objets, combien d'entre eux le considèrent comme
bon, combien comme moins bon et combien comme mauvais : — Et si de deux instruments entre lesquels le choix devrait se prononcer, le premier était considéré par 55 d'entre eux comme très bon, mais par les 45 autres comme absolument mauvais, tandis que le second serait considéré par

2

les 45 mêmes comme très bon, et par les 55 autres comme ayant une qualité intermédiaire, ne pense-t-on pas avec nous que ce ne serait pas au premier, malgré sa majorité absolue de suffrages affirmatifs, que la préférence serait accordée; mais bien au second comme ayant réellement à un plus grand degré la confiance générale, et que ces ouvriers regarderaient ce parti-là comme le plus sûr?

Est-il donc moins important d'arriver au choix le plus sûr de ses représentants, de ses délégués à la direction des affaires publiques? On le croirait, à voir ce qui peut se passer à cet égard dans l'état actuel de l'exercice du droit de suffrage.

Exemple : Une élection a lieu; deux mandataires sont à élire, et pour reprendre la suite de notre hypothèse première, il y a trois candidats portant les noms que nous connaissons déjà, Pierre, Paul et Jacques : il y a 400 votants. Jacques, en le supposant électeur votant, a tous les suffrages moins le sien. Pierre parvient à réunir 201 suffrages, mais les 199 autres votants l'auraient repoussé formellement s'ils avaient eu une manière de le faire; néanmoins il a la majorité absolue, il est élu tout aussi bien que Jacques. Paul, au contraire, qui n'a eu que 199 voix et ne vient par conséquent qu'en troisième ordre, n'aurait été repoussé par aucun des 201 autres votants, aucun ne lui aurait été hostile; néanmoins il n'est pas élu.

Avec lequel des deux cependant, de Pierre ou de Paul, pense-t-on que se trouvent le mieux l'opinion et les sympathies publiques? Lequel semble le plus en harmonie avec l'esprit de l'ensemble des votants? Du quel des deux le choix eût-il été *le plus sûr*?

Pour le savoir, refaisons l'opération et le compte respectif de chaque candidat, d'après la méthode employée dans les autres cas d'appréciation d'aptitude, méthode que nous venons de voir à l'œuvre déjà, en matière d'examen dans les facultés, et dont nous demandons qu'il soit fait application à l'élection ;

Alors nous arrivons à ces résultats-ci :

Jacques obtient, pour ses 399 suffrages affirmatifs, 399 fois 1, ci 399
et de son propre bulletin (1), supposons qu'il reçoive un suffrage du sens intermédiaire équivalant à un demi, ci . . . . 1|2

TOTAL . . . 399 1|2

Pierre obtient pour ses 201 suffrages affirmatifs, 201 fois 1, ci 201
et ses 199 suffrages négatifs équivalent à . . . 0

TOTAL. . . . 201

Paul obtient pour ses 199 suffrages affirmatifs, 199 fois 1, ci 199
et pour ses 201 suffrages du sens intermédiaire

(1) N'est-il pas singulier que par le mode actuel de vote, tout en s'offrant aux suffrages de ses concitoyens, et comptant contre soi-même comme votant, en s'astreignant peut-être à une majorité d'une voix plus forte, l'on se traite dans son propre suffrage, à l'égal de ceux que l'on regarde comme indignes d'en obtenir. Par le mode de vote que nous proposons, quel inconvénient y aurait-il à s'attribuer un suffrage du sens intermédiaire ; la modestie du mérite n'en serait point froissée, et cela serait conséquent avec l'aveu tacite renfermé dans l'acceptation de la candidature que l'on prétend à quelque valeur, ne fût-ce que par les intentions.

201 fois un demi, ci , ... 100 1|2

TOTAL . . . 299 1|2

Différence entre le total de Paul et celui de Pierre, à l'avantage de Paul, ci. . . . . 98 1|2

Ainsi c'est en ayant sur Pierre cet avantage de 98 1|2, c'est en le devançant dans la confiance et la sympathie de l'ensemble des électeurs, de tout l'excédant de 299 1|2 sur 201, que Paul ne sera néanmoins pas élu et verra au contraire Pierre l'être à sa place.

Et si ce que nous venons de supposer non-seulement est possible, mais si de plus l'expérience de chacun de nous lui dit que quelque chose de semblable se passe nécessairement plus ou moins dans nombre d'opérations électorales faites d'après le système actuel, si même tous nous avons vu souvent des faits analogues à celui qui vient d'être décrit, se réaliser sous nos yeux avant comme après février 1848, n'est-il pas évident que le système actuel de suffrage laisse quelque chose à désirer, qu'il n'aboutit pas à une aussi complète vérité de résultat qu'il serait possible de l'obtenir ?

Avant la révolution de février, et quand le droit de suffrage était un privilége, ce défaut dans son exercice a pu rendre plus grande encore la fausseté de la représentation prétendue nationale d'alors, et par là contribuer à accélérer la chute du régime de *pays légal*. Il fit en cela merveille ! Il était bien que ce régime tombât dès que le sommet n'avait point su comprendre, qu'il n'y avait de pays légal possible qu'à la condition qu'une série d'extensions successives du droit de suffrage le ferait tendre de plus en plus et arriver enfin à être le pays réel, c'est-à-dire à instituer la démocratie.

Pour le temps qui préparait cette chute, et sous le rapport de son accélération, le vice que nous signalons dans le mode d'élection n'est point à regretter ; — un bien est sorti d'un mal.

Mais aujourd'hui que ce serait le suffrage universel et direct, c'est-à-dire le mode de manifestation par le peuple français de sa souveraineté que la continuation de ce défaut de vérité complète dans l'élection entacherait, ne serait-elle pas un mal absolu et sans compensation possible, et la rectification de ce défaut ne serait-elle pas un très grand bien ?

A ce seul titre de nouvel et complémentaire élément de la vérité, l'addition que nous voudrions voir faire à ce qui existe de la faculté des votes négatif et intermédiaire, mériterait déjà, ce nous semble, d'être prise en considération (1), quels qu'en pussent être les résultats. Car c'est indépendamment de ce qui en sort et pour elle-même que la vérité a

(1) Il est à remarquer que même avec le système actuel d'évaluation de la majorité, sur votes affirmatifs seulement, on aurait déjà besoin dans certains cas de la distinction de signification des autres votes. Exemple : Plusieurs candidats ont exactement le même nombre de voix de majorité absolue ou relative, s'il ne s'agit plus que de celle-ci : — on est obligé actuellement, pour sortir d'embarras, de recourir tout d'abord aux extraits de naissance, et de donner la priorité de rang au plus grand âge, pour ne pas la faire décider par le hasard ; ou d'en référer même au scrutin de ballotage, s'il n'y a qu'une vacance à remplir ; ne vaudrait-il pas mieux pouvoir tenter auparavant de la faire découler de quelque chose de plus conforme au principe de l'élection dans un cas, et de plus facile dans l'autre, c'est-à-dire de la différente proportion dans laquelle se seraient répartis, pour chacun de ces candidats, les autres suffrages entre la simple infériorité de confiance et le rejet ; et avoir à déclarer élu celui qui aurait eu le moins de suffrages négatifs ou de rejet, et par conséquent le plus d'intermédiaires ?

droit à notre adhésion : mais voyons d'ailleurs à quels résultats probables l'introduction de ce nouvel élément de vérité dans le choix de nos mandataires nous conduirait ; par exemple, dans les élections les plus importantes, dans celles qui ont pour objet la composition de l'Assemblée nationale.

TROISIÈME QUESTION.

« Le suffrage direct et universel peut-il, sans être com-
» plet, atteindre à tous les bons effets qu'il y a lieu d'en
» attendre? En d'autres termes : Dans quel sens les effets
» de l'addition au vote que nous indiquons influeraient-ils
» sur les élections? Serait-ce dans un sens avantageux ou
» désavantageux à la République? »

Il n'est déjà pas à présumer, à quelques résultats que doive tendre l'addition en question au vote électoral, que nous arrivions à trouver que ces résultats seraient mauvais. En effet, la bonté du suffrage direct et universel consistant en ce qu'il doit, par l'expression exacte du sentiment le plus répandu parmi les votants sur chaque candidat en particulier, mettre en évidence les plus dignes, comment ce qui ajouterait à ses moyens de préciser davantage ce sentiment, aurait-il de mauvaises conséquences?

Voyons cependant et quelles seraient ces conséquences, et si elles seraient profitables ou non au bien public.

Il est un fait qui n'a jamais été contesté que nous sachions, et qui ne le sera sans doute jamais par personne: c'est qu'en France le bon vouloir pour les intérêts généraux, pour le bien public, comme but, et par suite pour tout moyen sincère, juste et vrai, quel que soit son nom, de poursuivre et d'atteindre ce but, existe dans l'immense majorité des citoyens. — En d'autres termes, si l'on commençait, avant

toute distinction de partis, par se demander dans quelles proportions respectives se trouvent être, d'une part la bonne
volonté pour le bien de tous; l'amour des intérêts généraux,
et d'autre part, les intentions mauvaises par égoïsme, par
désir du privilége ou par exigence désordonnée, la réponse
serait, tout le monde en convient, que la première dénomi-
nation renferme la presqu'unanimité des citoyens. En effet,
s'il y avait quelques exceptions à qui la seconde dût être infli-
gée, ce seraient quelques gens sans cœur de la nouvelle richesse; puis quelques incorrigibles de l'ancienne, chaque
jour de plus en plus rares, pour qui la devise *Liberté, égalité, fraternité,* serait encore inintelligible; puis, à côté de
ceux-ci, et souvent à leur solde, quelques individus perdus
de mœurs, à grande ou petite cupidité, qui, acceptant cette
belle devise des lèvres seulement, seraient prêts à lui donner dans leurs actes un sens réprouvé par le code pénal :
toutes ces exceptions réunies sont encore si peu nombreuses
que leur soustraction de l'ensemble n'est pas sensible et laisse
à la première masse l'aspect de l'unanimité.

A ne considérer donc que cette masse et négligeant l'imperceptible surplus, on peut dire qu'il n'y a pas parmi les
citoyens français d'éléments de discorde, c'est-à-dire de cette
division des cœurs par les intentions, qui, si elle existait,
compromettrait bientôt le salut de la République.

On peut dire par conséquent que ce qui existe en France,
c'est seulement cette division dans les esprits qui ne porte
que sur les moyens de réaliser ce bien général dont chacun a
le désir, et auquel le propre du gouvernement démocratique
est évidemment d'offrir, plus que tout autre, des sûretés. Or,
cette division renfermée avec soin dans ses légitimes limites,
de manière à n'atteindre jamais les cœurs, est loin d'être

nuisible de sa nature aux affaires du bien public ; elle en
forme au contraire le ressort et la vie ; elle donne de l'acti-
vité à leur examen et à leur discussion, du point de vue de
ce bien désiré par tous, et par là, plus de garanties à leur
bonne gestion.

· Voilà l'effet normal de la simple division des esprits, et il
n'y a, répétons-le, de l'aveu de tous, que cette seule division au fond des dispositions morales de la grande masse des
citoyens. Car si des transfuges de cette masse, à cause de
leur ignorance longtemps exploitée et égarée enfin par les
menées de gens appartenant à l'imperceptible surplus dont
nous avons parlé, se sont trouvés contre elle, contre la république, sous le drapeau de l'insurrection, n'était-elle pas
néanmoins encore, à ce moment là même, en immense majorité ?

Ainsi donc, même à la veille de l'insurrection, et, à plus
forte raison, à l'origine de la république, la masse des citoyens de bon vouloir a toujours été telle qu'elle devait, par
des élections qui eussent traduit fidèlement son esprit, donner naissance à une assemblée non-seulement pourvue de
lumières et de raison, puisque d'une part c'est la grande
masse encore de la nation qui n'en est point dépourvue et
n'a pas été égarée, et que, d'autre part, l'élection cherche
les lumières autant que les grands cœurs ; mais aussi et surtout à une assemblée universellement bonne par le cœur,
c'est-à-dire par les intentions de chacun de ses membres,
puisque c'est la presqu'unanimité de la nation qui est ainsi
faite ; à une assemblée donc au sein de laquelle il ne pût jamais se produire que cette discussion normale et sans discorde, dont nous venons de parler, au moins de la part de
la très grande majorité de ses membres, puisque cela devait
être vrai de tous sans exception.

Eh bien ! en a-t-il toujours été ainsi au sein de l'Assemblée nationale, et s'est-elle toujours montrée tout ce qu'elle devait être? Oui, quant à la possession des connaissances, des lumières ; mais non, quant à l'union des cœurs, et pourquoi? Cette concorde dans la discussion, cette condition si essentielle au bien public, et qu'on s'attendait à voir être si facilement remplie par cette assemblée, tant elle semblait naturelle de sa part, comment se fait-il, nous le demandons, qu'elle n'en ait pas toujours présenté l'accomplissement?

Comment se fait-il qu'elle n'ait su trouver de l'union des cœurs que contre la spoliation de la propriété ou la destruction de la famille, et qu'il semble que chez ceux qui composent cette assemblée le commun sentiment du bien général ou le commun discernement des moyens de le procurer n'aille pas au-delà? si bien que quand il ne s'agit plus de cela, ils en viennent bientôt, se séparant en grandes fractions, non pas à discuter en citoyens, en frères, comme c'est leur devoir, mais souvent à se livrer à des débats confus, comme s'ils ne parlaient pas la même langue, et quelquefois à attrister la France de leurs disputes aigres et passionnées, comme s'ils étaient des ennemis.

Le principal motif de cela, de cette fâcheuse tendance de l'Assemblée, que l'on ne s'explique point, encore une fois, d'après les dispositions de la généralité de ses électeurs, nous la voyons, nous, précisément dans cette omission que nous signalons, d'un élément de vérité dans le suffrage, par insuffisance de ses signes d'expression ; — Et nous fonderons notre croyance sur des raisons qui seront en même temps l'exposé de ce que nous cherchons, c'est-à-dire des résultats qu'amènerait selon nous la réparation de l'omission.

Mais un préliminaire indispensable à la déduction de ces

raisons, c'est l'établissement de ce qui constitue, à nos yeux, non pas les seules causes, mais les causes principales des sentiments et des actions politiques des hommes et de leur diversité. — Que le lecteur veuille donc bien nous accorder un moment encore d'attention ; — il ne s'agit que de prémettre une vérité fondamentale reconnue, et d'exposer quelques conséquences qu'elle a fournies à notre observation.

PRINCIPE FONDAMENTAL.

Envisagé moralement et dans ses rapports sociaux, par conséquent aussi comme citoyen, l'homme est un composé *de cœur et d'esprit* ou *de sensibilité et d'intelligence*, dont on désigne l'ensemble sous le nom d'*âme*. — Tel est ce que nous appelons notre principe fondamental. C'est effectivement un axiôme d'après lequel tout le monde raisonne ; et nous l'avions déjà fait nous-même dans une partie des considérations qui précèdent.

De cette vérité fondamentale l'observation et la réflexion ont fait découler pour nous d'autres vérités, notamment les suivantes :

1er *Corollaire*. — En politique, le citoyen est dit appartenir en général au *mouvement* ou à la *conservation*, suivant que c'est le cœur ou l'esprit qui domine dans son âme ; et il est plus ou moins engagé dans l'un ou l'autre sens, suivant le degré de la prédominance.

2e *Corollaire*. — La perfection du sens politique ou civisme résulterait de ce qu'on aurait à la fois, et sans prédominance des unes sur les autres, les qualités de l'un et l'autre élément ; c'est-à-dire de ce qu'à un cœur ardent pour

le bien public, ennemi du mensonge et toujours prêt aux
grandes et bonnes actions, on joindrait un esprit droit,
ferme, calme, sérieux et studieux : alors on appartiendrait
à la fois et dans une juste mesure au mouvement et à la conservation, ou plutôt à quelque chose qui annulle ces distinctions, *au bien en tout et toujours.*

3ᵉ *Corollaire.* — Mais il n'est pas donné à beaucoup de citoyens, dans l'état présent de l'éducation politique en France,
de réaliser ce type du sens politique, ce parfait civisme, ni
même d'en approcher beaucoup. Les citoyens qui en ap-
prochent le plus sont ceux chez lesquels, avec une suffisante
énergie des deux éléments, la prédominance de l'un sur
l'autre est la moins forte ; et ils ne sont pas portés à en faire
parade. Le propre de ceux chez lesquels cette prédominance
est au contraire très marquée, et qui sont les plus éloignés
par conséquent du type du civisme, est de s'imaginer que,
sans effort, ils en sont très près, que rien n'est plus facile que
les vertus civiques même actives, et qu'ils les ont toutes,
pourvu qu'ils s'abandonnent bien à cette prédominance, et
qu'ils parlent et agissent énergiquement dans son sens (1).

(1) Nous disons *parlent* et *agissent* parce que nous ne nous occupons que des citoyens vrais et sincères, de qui les actes ne dé-
mentent pas les paroles, qui n'ont pas seulement les dehors d'une
prédominance, mais qui appartiennent sérieusement à cette prédominance, c'est-à-dire, ou au mouvement par un cœur chaud, large,
dévoué, ou à la conservation par un esprit droit, ferme, impartial.
— Nous savons bien que tout ce qui s'intitule mouvement ou conservation n'en est pas là ; ainsi nous avons vu gens qui devaient prétendre, puisqu'ils se disaient conservateurs, au caractère de droiture,
de fermeté, d'impartialité, en être cependant bien loin, et suivant
les circonstances, tantôt faire de la discussion raide, emportée et de

Ce qui fait de la part des prédominances cette bonne opinion d'elles-mêmes, c'est que chacune d'elles a raison contre l'exagération de l'autre.

Ainsi la prédominance du mouvement avait raison contre celle de la conservation, quand celle-ci déniait au peuple l'exercice de sa souveraineté ; et réciproquement la prédominance de la conservation aurait raison contre celle du mouvement, si celle-ci voulait arriver, au nom de cette souveraineté, au renversement des droits et principes essentiels de toute société, et non à la garantie de leur existence au profit de tous.

Oh ! quand on réduit à cela les vertus civiques ; quand on les fait consister simplement, de part et d'autre, à avoir ainsi raison contre une exagération, contre une erreur capitale, sans doute ces vertus ne sont pas difficiles.

Mais elles le deviennent alors qu'on les voit où elles sont surtout ; alors que, les grands principes n'étant pas contestés, il s'agit seulement d'être dans le vrai et dans le juste

mauvaise foi, tantôt au contraire atténuer leurs prétendus principes et les plier aux goûts de leur interlocuteur.

Nous n'appelons pas cela de la conservation : c'est du mensonge, du charlatanisme, et nous le laissons de côté.

Réciproquement, dans le sens du mouvement nous avons vu gens se vantant fort d'en être et devant par conséquent prétendre au cœur large, sympathique, affectueux pour tous, qui caractérise surtout ce sens politique, chez lesquels au contraire le cœur n'existait qu'en théorie et dont l'ardeur politique ne se nourrissait que de bile et de fiel, déversés contre tous ceux qui ne les suivaient pas partout aveuglément et sans discussion, ou dont il leur plaisait de prendre ombrage pour moins encore ; et de ceux-là aussi nous avons dit : non, ce n'est pas là de la prédominance de cœur, du bon et franc mouvement ; ce n'est que du mensonge, de l'indigne mensonge, et nous ne nous en occupons pas.

par leur application aux questions de détail : — là il ne suffit plus de professer un grand principe, de l'avoir toujours à
la bouche ou au bout de la plume, mais il faut étudier ce
que tous les vrais et sains principes ensemble doivent produire sur tel détail donné ; il faut trouver une solution juste;
et la solution trouvée, il faut encore et surtout la suivre, y
conformer sa conduite.

Et pour tout cela, il faut commencer par n'être dominé ni
par l'un ni par l'autre des principes, mais par les dominer
tous ; — c'est ce qui ne s'obtient pas sans effort, sans travail.
Or, les prédominances s'imaginent d'autant plus n'avoir rien
à acquérir, être la vertu et la science mêmes, qu'elles sont
plus prononcées : n'avons-nous pas raison de dire qu'elles
en sont au contraire d'autant plus loin.

4e *Corollaire.* — Toute prédominance petite ou grande de
l'esprit sur le cœur ou réciproquement est donc en politique
une imperfection du même degré.

On voit bien que nous ne parlons que de la prédominance
sincère, puisque nous avons qualifié l'autre de vice odieux.

5e *Corollaire.* — La prédominance qui fait qu'on est du
mouvement, celle du cœur sur l'esprit, entraîne à la fougue,
à l'exagération dans les desseins, à la précipitation dans la
recherche de leur réalisation, à l'insouciance sur les moyens
de la procurer, à l'injustice et à la violence envers ceux qui
ne partagent pas ce caractère, ou qui l'ont moins prononcé.

Cette imperfection politique se rencontre naturellement le
plus dans la partie du peuple qui a le moins de culture intellectuelle et de bien-être matériel. — Toutefois, cette der-
nière circonstance (moindre bien-être ou pauvreté) serait à
tort regardée comme ayant plus de part que la première,
c'est-à-dire que l'infériorité de culture intellectuelle, dans la

prédominance en question; si cela était, il ne s'y rencontrerait pas un seul citoyen ayant du bien-être ou de l'aisance, et il y en a, plus peut-être qu'il n'y a de citoyens sans fortune dans l'autre prédominance : la vérité est que la pauvreté participe moins à la prédominance du cœur et qu'elle y participe autrement qu'on ne se l'imaginerait. — L'absence de bien-être et son atmosphère contribuent en général à faire prédominer le cœur sur l'esprit, en ce sens qu'elles élargissent le cœur, l'ouvrent davantage à la compassion, à la sympathie pour les malheureux, puisque ces sentiments se confondent en quelque sorte avec l'amour des siens; s'il est, par exception, des individus chez lesquels la manière d'agir de cette cause soit différente, et qui, ne rapportant rien qu'à eux-mêmes, ne soient sensibles qu'à leurs propres maux, et ne souhaitent la réparation que de ceux-là, leur état moral, loin d'être la prédominance du cœur, révèle chez eux, à la place de cœur, un envieux égoïsme, vice honteux qui les empêche de mériter le nom de citoyen.

Mais l'égoïsme n'est plus commun, nous aimons à le croire, chez aucune partie du peuple français; et il n'a, en tout cas, jamais été ordinaire à la portion du peuple chez laquelle nous constatons surtout la prédominance qui nous occupe en ce moment (1).

(1) Et quel que fût d'ailleurs le nom que méritât la manière d'agir des privations matérielles sur cette partie du peuple, pour produire chez elle, de concert avec les privations intellectuelles, la prédominance ou imperfection politique qui lui est particulière, toujours est-il, soit dit en passant, que ce qui est si justement recherché pour elle par la République, c'est-à-dire l'accroissement de son bien-être et de son instruction, serait aussi précisément ce qui corrigerait cette inperfection politique, et dirigerait cette partie du peuple vers le beau idéal du civisme.

6e *Corollaire.* — L'autre prédominance, la prédominance de l'esprit sur le cœur est celle qui fait en général, en politique, les conservateurs. — Elle porte à la crainte démesurée des innovations, au préjugé contre leur justice, leur opportunité ou leur possibilité, à la facilité de supposition qu'elles ne sont demandées que par de mauvais instincts, enfin à l'abus des phrases et au recours à l'intrigue pour les repousser de parti pris.

L'imperfection par prédominance de l'esprit se rencontre infailliblement davantage chez la partie du peuple qui a le plus de culture intellectuelle et de bien-être matériel; toutefois, en sens inverse de ce que nous venons de dire de l'action du défaut de bien-être dans l'autre prédominance, nous croyons que l'action du bien-être dans celle-ci consiste en général seulement en ce que les aisances de la vie et leur atmosphère tendent à émousser dans le cœur la faculté de la compassion, de la sympathie pour les souffrances, en ne lui laissant d'occupations que celles dont elle rechercherait l'occasion (1) ; ici donc aussi nous disons : s'il est, par exception, des invividus sur qui le bien-être agisse dans le sens de la prédominance en question d'une façon différente, c'est-à-dire par la crainte et le refus de perdre même temporairement une petite partie de ce bien-être, quelqu'avantage

_____

(1) La recherche de telles occasions n'arrive guère dans le champ de cette prédominance qu'aux natures d'élite, qui se rapprochent du type du civisme, par des efforts de sagesse en vue de la patrie, analogues à ceux que fait le chrétien en vue de Dieu. Un bien plus grand nombre de conservateurs n'échappent en partie aux dangers de la paralysie du cœur par la richesse, qu'en se conformant un peu, au moins quant à la lettre, aux prescriptions du christianisme, d'éviter l'avarice et d'être bienfaisants.

géuéral qui en puisse résulter, nous ne concevons ces natures que comme appartenant à des malades d'esprit ou de
corps; et en tout cas l'état moral que nous décrivons ne leur
convient point, puisque ce qui les caractériserait ce ne serait pas une simple prédominance de l'esprit sur le cœur,
mais une absence totale de cœur, mais un égoïsme hideux,
bien moins tolérable que celui que nous avions envisagé,
également par supposition, chez l'autre partie du peuple.

Toutefois, nous le dirons, sans aller jusqu'à cette mort
civique qui n'est pas de la nature humaine, la prédominance
qui nous occupe est sujette à être une bien grave imperfection; c'est quand le cœur y est dans une telle infériorité
qu'on arrive à ne voir plus dans la discussion des intérêts
publics qu'un prétexte pour faire servir son savoir et sa sa-
gacité, non pas au triomphe de ce qu'on croit être la justice,
la raison ou la prudence, mais à exercer une railleuse et
sceptique critique sur tout sujet; on est enclin alors à attaquer ses adversaires avec acharnement, ou avec mauvaise
foi et par le ridicule, faute de bons raisonnements, et ce,
pour la seule satisfaction de son amour-propre, et sans profit, mais au contraire avec détriment pour le bien public. —
C'est de ce défaut seul, puisque nous ne croyons pas chez
elle à un stupide égoïsme, qu'a vraiment à se préserver la
partie du peuple la plus sujette, par position, à l'imperfection politique qui résulte de la prédominance de l'esprit sur
le cœur : et il faut qu'elle s'en préserve, si elle veut con-
quérir les vertus qui lui manquent et graviter vers ce type
du civisme dont il lui appartiendrait de montrer l'exemple
au reste des citoyens.

—

Ainsi, partant de l'axiôme *que l'homme est, comme ci-*

toyen, un composé dans des proportions diverses de cœur et d'esprit, et recherchant quels sont en général les causes de la prédominance de l'un ou l'autre élément et ses effets politiques,

Nous avons cru voir en résumé :

Qu'en politique le *mouvement* tient à la prédominance du cœur, et la *conservation* à celle de l'esprit ;

Que le type du civisme résulterait de l'énergie de tous deux sans prédominance de l'un sur l'autre ;

Que peu de citoyens dans l'état actuel de l'éducation politique en France, sont près d'atteindre à ce type ; que les plus prononcés dans l'une ou l'autre prédominance qui ont des deux côtés également grande foi en eux-mêmes, en sont les plus éloignés ;

Que toute prédominance est donc imperfection politique;

Que celle du cœur se rencontre le plus dans la partie du peuple où le bien-être et l'instruction sont moindres.

Et *vice versâ* que c'est dans l'autre partie du peuple qu'on rencontre le plus l'imperfection politique résultant de la prédominance de l'esprit.

Si ces aperçus sont justes et bien fondés, il arrivera un jour, nous en sentons en nous le ferme espoir, où, sous la bienfaisante influence du développement continu de nos institutions démocratiques, les deux prédominances signalées auront fait entre elles, à la longue, par un travail de fusion insensible, un heureux échange de ce qui leur manque réciproquement; la prédominance du cœur aura communiqué à l'autre de sa chaleur ; et celle-ci l'aura fait à son tour participer davantage à la culture intellectuelle qui domine chez elle, et par là, l'équilibre s'établissant de plus en plus chez l'une et l'autre entre les deux éléments indispensables

3

du civisme, elles iront se rapprochant sans cesse toutes deux de son type de perfection.

Alors l'action politique de tout citoyen serait mesurée et appropriée au développement normal de la vie et des destinées bonnes et grandes auxquelles Dieu a appelé la France à la tête et comme modèle du reste des nations.

Dans un tel état de choses, il importerait beaucoup moins comment il serait procédé au choix des mandataires du peuple; car les citoyens seraient tous bien plus aptes à élire et à être élus.

Mais dans l'état actuel des dispositions morales des Français, et prenant l'éducation politique de notre pays au point où elle en est, que doit-il se passer et que se passe-t-il effectivement dans les élections, si on ne les fait, comme aujourd'hui, qu'à suffrage partiel et sans avoir à tenir compte des pensées qu'exprimeraient tous les votants sur tous les candidats, comme le voudrait le suffrage complet? Voici ce qui doit se passer et se passe effectivement:

Les hommes extrêmes de chaque prédominance, obéissant à celle qui leur est propre et la regardant comme exclusivement belle et bonne, comme seule désirable dans les affaires publiques, dans les assemblées délibérantes qu'il s'agit de composer, portent naturellement leurs suffrages et ceux des citoyens qui s'inspirent de leurs conseils, sur les plus engagés dans cette prédominance. — Et il suffit même qu'on le fasse ainsi d'un côté pour qu'aussitôt et par contre-poids on le fasse aussi de l'autre. — Ces partisans de l'extrême dans un sens ou dans l'autre ne sont sans doute pas nombreux d'abord, et il reste en dehors d'eux un grand nombre de citoyens qui regardent de pareils choix comme s'éloignant en divers sens du vrai et du juste; ceux-là s'adresseraient donc

par leurs suffrages à des candidats plus intelligents du vrai civisme, si le mode de vote laissait ses justes chances de réus-
site à cette tentative, en appelant chaque électeur à une
complète et efficace expression de toute sa pensée sur chacun des candidats; mais le mode de vote partiel qui est en
usage ne donnant point cette faculté, ce nombre souvent
considérable de citoyens, ou n'attache point d'importance à
voter et s'abstient, ou bien le fait seulement par devoir civique et donne son suffrage sans chercher à ce qu'il soit
utile, ou enfin se rallie au sens extrême qui lui déplaît le
moins et va ainsi en grossir le nombre, sans en être réellement.

De cette manière, les suffrages exprimés dans chaque cen-
tre électoral appartiennent en majorité à l'exagération de
l'une ou l'autre des prédominances. Par conséquent, l'assemblée qui est le produit de l'ensemble des élections se trouve
avoir beaucoup de ses membres très avancés, les uns dans
l'une des prédominances ou imperfections politiques, les
autres dans l'autre; et dès lors, tant par fidélité à leur origine, que parce que c'est d'ailleurs leur caractère, ces grandes fractions, loin de tendre à la fusion, à la conciliation,
ainsi que le demanderait le vrai et solide bien public, ne
s'inspirent, chacune de son côté, que de ses tendances extrêmes, et s'attachent à les faire prévaloir exclusivement. — De
là la fâcheuse propension de ces fractions à se défier réciproquement l'une de l'autre, et de ces assemblées à sortir
de la discussion normale pour arriver à la discorde.

Voilà ce que produit et ne peut manquer de produire dans
l'état actuel de l'éducation politique en France, le vote partiel, c'est-à-dire simplement affirmatif. Quand nous sommes
déjà trop portés naturellement aux extrêmes ou imperfec-

tions politiques de prédominance, quand le civisme bien compris nous fait un devoir de résister à cette pente, ce mode de vote restreint nous y pousse au contraire; et il comporte dans ses résultats une altération forcée plus ou moins grande du véritable sentiment général des électeurs; et cette altération a lieu au profit des candidats les plus livrés à l'une ou à l'autre prédominance, et contre ceux qui s'efforcent, en échappant à toutes deux, d'atteindre par le vrai civisme à la seule parfaite manière de comprendre et de chercher le bien de la patrie (1).

Maintenant voyons, au contraire, ce qui arriverait si le vote ne restait pas partiel, s'il devenait complet, si l'élément de vérité qui manque à l'élection lui était restitué.

Il arriverait d'abord que les nombreux électeurs qui, par le mode actuel, ne votent pas ou votent à voix perdues, ou ne votent qu'à regret dans un sens qui n'est pas exactement le leur, se voyant la faculté de voter efficacement dans le sens des intentions qui les animent, tant par rejet des extrêmes que par adoption à différents degrés des candidats à prédominances moins fortes, viendraient cette fois déposer dans l'urne électorale l'expression de leurs véritables sentiments; cela seul suffirait déjà pour modifier souvent le résultat de l'élection; et en tout cas par là disparaîtrait tout

---

(1) Et Dieu veuille encore que ce soit toujours à de vraies et sincères prédominances d'esprit ou de cœur, ayant des qualités à côté de leurs défauts, que l'altération profite, et non à ces comédiens du mouvement ou de la conservation que ce travail a laissés dans l'ombre, parce qu'il ne s'occupe que des imperfections de la sincérité et non pas des vices du mensonge. Ces ambitieux, *à chaud ou à froid*, simulent volontiers l'exagération d'une prédominance, parce que l'exagération procure la mise en évidence qu'ils souhaitent, et que sa simulation est facile, et non celle de la sagesse.

obstacle à ce qu'elle fût aussi vraie que possible, ce qui serait déjà bien quelque chose.

Mais de plus il arriverait encore par ce complément donné à l'élection, qu'il se produirait et chez les candidats et chez les électeurs un mouvement de tendance à cet équilibre normal des esprits et des cœurs que nous avons posé comme type du civisme.

Cela arriverait de deux manières : d'abord par l'effet moral de la loi qui serait en même temps le gage de l'initiative d'un semblable mouvement dans son propre sein, qu'entendrait prendre l'Assemblée nationale; et ensuite par le désir qui animerait désormais les candidats consciencieusement acquis au bien public et à son étude, de se rapprocher de ce qu'il y aurait de bon dans le sens des électeurs dont ils étaient jusqu'alors le plus séparés.

Et sous l'influence de ces diverses causes d'accroissement de la vérité et d'amélioration des vues de part et d'autre dans les élections, notre conviction est qu'il surgirait alors du sein de la France, des assemblées réfléchissant et concentrant vraiment au plus haut degré l'esprit et le cœur de la nation; des assemblées dont chaque membre acceptant sincèrement le joug de la discussion, serait prêt à échanger, à la lumière de son flambeau, ce qu'il y aurait de mauvais dans ses propres vues, contre ce qu'auraient de bon les vues de ses contradicteurs; des assemblées enfin qui déjà plus voisines, par caractère, de l'équilibre des esprits et des cœurs qui constitue le civisme, tendraient encore à le devenir de plus en plus, à cause que la pensée de cet équilibre aurait présidé à leur origine.

A ces assemblées, la condition sans laquelle tout est entravé, et qui, nécessaire à toute république, est si essentielle et tant réclamée dans la nôtre, la concorde serait rendue facile par leur plus grande homogénéité ; — et il ne se renouvellerait plus ce triste spectacle, d'une part, d'un conseil de législateurs démocratiques, sentant tout le prix de cette union de ses membres par le cœur, usant son temps et ses forces à la chercher, et ne la trouvant jamais complètement; et d'autre part, d'une nation étonnée, d'après la presqu'unanimité de volontés pour le bien public qu'elle sent en elle, de n'avoir fait surgir de son sein qu'une assemblée parvenant à peine à la concorde, tandis qu'elle s'attendait à une assemblée à qui tout serait facile, la concorde d'abord, et, par elle, la réalisation de tout bien public.

Car, encore une fois, il y avait dès lors les éléments du choix d'une pareille assemblée au fond des dispositions morales de la nation.

Il ne s'agissait que d'obtenir l'expression vraie, c'est-à-dire complète de ces dispositions presqu'unanimes.

CONCLUSION.

Nous croyons avoir démontré que le suffrage direct et universel manque, dans son mode actuel d'exercice, d'une qualité essentielle, en n'étant pas complet, c'est-à-dire en ne s'exprimant pas, — et sur tous les candidats ; — et sur chacun d'eux avec option entre trois signes correspondant aux trois divers états possibles de l'opinion sur un citoyen ;

Que cette circonstance, en effet, peut, en altérant en quelque chose la vérité du suffrage, en fausser le résultat; et que cette altération de la vérité, toujours mauvaise en elle-même et devant être évitée déjà comme telle, se trouve, en fait, avoir ici l'inconvénient d'être contraire à la bonne direction des esprits et des cœurs vers l'unité dans le bien.

Maintenant, c'est à l'assemblée nationale que nous nous adressons spécialement, et nous lui disons : Si nous avons fait réellement cette démonstration, si les données premières de nos raisonnements et nos raisonnements eux-mêmes sont justes à vos yeux, la modification à apporter dans le mode d'expression des suffrages, pour que cette expression puisse être complète et conduire aux résultats les plus exacts possibles, ne saurait être combattue dans vos esprits par aucune objection sérieuse.

Vous dira-t-on : mais ce sont les meilleures choses qui ont les adversaires les plus décidés, ce sera donc aux meilleurs candidats qu'il arrivera le plus de voix négatives, et que nuira le système des trois signes d'expression.

Nous répondrons : Il en peut être ainsi dans les choses d'art, qui n'intéressent que le goût. Il n'en est rien dans celles qui regardent la raison, la morale, la vertu. C'est un aphorisme que la vertu commande l'admiration, et qu'on en subit l'ascendant, même en ne l'imitant pas. — Ayons donc d'un côté ou de l'autre, de véritables bons citoyens, et il se trouvera dans tous les sens politiques assez d'hommes justes pour que le suffrage complet leur profite; loin de leur faire obstacle, il ne nuira qu'au mensonge.

Vous dira-t-on encore : Mais plus les éléments d'une assemblée délibérante sont divers et énergiques dans leur diversité, et plus il y a de choc et par conséquent de lumière.

Nous avons répondu d'avance que c'est le choc des esprits seul, c'est-à-dire la discussion qui produit la lumière et permet le bien ; et que le choc des cœurs ou la discorde produit au contraire ou affermit les erreurs et conduit au mal, et c'est là une vérité vulgaire. —Or, le suffrage complet, nous venons déjà de le dire, ne nuira qu'aux hommes de discorde et non à ceux de discussion.

Vous dira-t-on surtout, comme on nous l'a dit beaucoup à nous-même : Mais ce suffrage direct et universel complété des signes d'expression négatif et intermédiaire, sera pratiqué de manière à revenir exactement aux mêmes résultats que le mode actuel de vote, en ce sens que l'esprit de parti fera donner des suffrages négatifs à tous les candidats autres que ceux qu'on eût portés sur son bulletin, s'il eût été simplement affirmatif; on aura seulement pris un autre chemin pour aboutir au même point.

Pour première réponse nous dirons : Essayons toujours, et nous verrons si ce qui arrivera ne prouve pas que les entraînements peuvent devenir bien moins nombreux dans les élections. Nous verrons si beaucoup d'électeurs ne voudront pas l'être sérieusement quand il y aura une organisation des candidatures, et qu'en outre le vote consistera non plus à faire un choix absolu de certains noms, emportant un rejet implicite et absolu aussi de tous les autres ; mais à formuler par un mot l'expression variable et vraie de son sentiment sur la valeur de chaque nom d'une liste.

Puis nous dirons en second lieu : Mais ce que nous prévoyons n'arrivât-il même pas, a-t-on jamais vu que le législateur ait négligé de faire une loi meilleure par ce motif qu'elle serait encore éludée, qu'on en abuserait encore? Non. — L'affaire du législateur est de faire que la loi soit telle qu'en la supposant exécutée consciencieusement, elle conduise aux meilleurs résultats possibles. Le reste est du ressort de l'éducation de la nation et regarde tous les agents divers de cette éducation, instituteurs de la jeunesse, ma-

gistrats de tous les ordres, professeurs, orateurs et écrivains
de tous les genres : — Si leurs enseignements sont bons et
écoutés (et ne pas l'espérer ne serait pas d'un bon citoyen),
ils produirent tôt ou tard leur effet; mais la loi doit toujours
en attendant, exister aussi bonne que possible.

Venons-en donc à la seule question sérieuse que puisse
soulever la réalisation de la modification désirée par la vérité dans le mode actuel d'exercice du suffrage; — c'est-à-
dire demandons-nous si la mise à exécution de cette amélioration entraînerait dans l'élection des difficultés, des lon-
gueurs, qui en feraient payer trop chèrement l'avantage et
risqueraient de rebuter les électeurs.

On sait déjà que nous prétendons, nous, tout le contraire;
que nous soutenons qu'il y aurait diminution notable des difficultés matérielles de l'élection, aussi bien que disparition
de ce qu'elle a d'incomplet, et que par suite le devoir électoral (c'est le nom qu'on a donné avec raison à l'exercice du
suffrage), serait à la fois beaucoup plus et beaucoup mieux
rempli avec notre modification dans le vote que sans elle.

SIMPLIFICATION DE L'ÉLECTION ET ORGANISATION DES CANDIDATURES.

De quoi s'agirait-il en effet?

1° D'AVOIR LA LISTE DES CANDIDATS.

Nous ne nous attacherons pas à faire comprendre que cette
mesure n'est point déplacée dans un bon procédé d'élection; nous supposons que cela est senti par tout le monde.

Au surplus, il nous a été signalé par un de nos amis, dans
la *Revue du progrès, tome* 1 (Paris, 15 février, 1er mars

et 15 avril 1839), une dissertation de M. J.-F. Dupont, avocat, intitulée : *De l'organisation du suffrage universel*,
dans laquelle il est très bien et très facilement établi que tout
bon système d'élection s'occupe des candidatures. — M. Dupont n'en parle, il est vrai, qu'au point de vue de l'avantage
qui en résulte pour la vérité, par la discussion approfondie
des titres des candidats : car il n'a pas de la liste des candidats
le besoin matériel que nous en avons nous-même, puisqu'il
ne touche pas, comme nous, au mode actuel du vote, et le
laisse subsister affirmatif seulement. — Mais ce qu'il dit n'en
serait pas moins très propre à établir pour qui ne serait pas
édifié à cet égard, qu'il n'y a qu'à se réjouir pour notre système de ce qu'il nécessite une liste de candidats. — Voici
quelques-unes de ses pensées. Après avoir dit, page 377 :
« Dans tout système d'élections, la publicité des candidatures
» est une condition indispensable. » Il ajoute plus loin : « Et
» d'ailleurs, qui pourrait s'opposer à un système organisé des
» candidatures publiques? — Ceux-là seuls qui peuvent crain-
» dre que la lumière ne vienne éclairer un passé honteux.

» Ainsi, pour que les électeurs, dans le système du vote
» universel, puissent agir en connaissance de cause, l'orga-
» nisation des candidatures est un point fondamental. »

Puis, dans l'exposé qu'il fait ensuite de son plan sur ce
point, M. Dupont trace aux citoyens, page 379, une règle
de conduite trop souvent oubliée, et qui devrait être, à
notre avis, imprimée sur toute carte d'électeur. M. Dupont
dit : « Il est bien entendu que dans les journaux, dans les
» brochures, dans les réunions, il est permis de dire la vé-
» rité, toute la vérité sur le compte des candidats. Rien n'est
» muré, ni leur vie publique, ni leur vie privée, car la se-
» conde est presque toujours la meilleure garantie de la pre-

» mière. La calomnie et le mensonge sont seuls défendus, et
» la loi, par cela seul qu'elle donnerait une juste impunité
» à toute allégation qui serait prouvée vraie, devrait punir
» de la manière la plus sévère le mensonge et la calomnie.
» En effet, dans de telles circonstances, *le mensonge et la*
» *calomnie ne sont plus des délits privés, ce sont des crimes*
» *publics, de véritables attentats contre la société tout en-*
» *tière.* Ne peuvent-ils pas avoir pour résultat de fausser les
» élections, et de priver la nation des lumières et de la ca-
» pacité d'un candidat plein de moralité et de dévouement? »

Ce sentiment devrait être gravé dans tous les cœurs et diriger toutes les conduites en matière d'élection; or la publicité
des candidatures ne peut qu'aider à ce qu'il en soit ainsi. La
franchise attire la franchise. Quand les candidatures ne seront plus en quelque sorte furtives et inavouées, les moyens
de les combattre seront contraints aussi par la conscience publique à devenir sincères, et à quitter les allures de la
fraude et du mensonge : et l'instruction législative du 5 ven-
tôse an V, citée par M. Dupont, page 182, le disait très
bien : « Cette manière franche de s'offrir à la confiance est
» la plus digne d'un républicain, et sous tous les rapports
» elle est préférable aux brigues secrètes et aux manœuvres
» obscures de l'ambition intrigante. »

La bonté du principe de publicité des candidatures ainsi
posée, voici maintenant, au résumé de nos idées, d'accord,
sur beaucoup de points, avec celles de M. Dupont, comment
on opérerait :

On appellerait les candidatures à se prononcer par décla-
tion écrite, signée du candidat, soit qu'elle émane sponta-
nément de lui, soit qu'elle résulte d'une simple acceptation
qu'il aurait mise au bas d'une proposition que lui aurait faite
par écrit un ou plusieurs électeurs.

Ces déclarations devraient être parvenues à la mairie du lieu de l'élection ou à la préfecture du département, dans les 10 premiers jours des 20 ou des 40 jours avant l'élection, suivant les cas ; à la mairie et dans les 10 premiers des 20 jours avant l'élection, s'il s'agissait d'élire des conseillers municipaux, d'arrondissement ou de département ; à la préfecture, au contraire, et dans les 10 premiers des 40 jours avant l'élection, s'il s'agissait d'élire un ou plusieurs représentants du peuple à l'assemblée nationale.

Récépissé serait donné de ces pièces.

Un tableau mentionnant ces déclarations de candidatures, au fur et à mesure de leur arrivée à la mairie ou à la préfecture, serait affiché dans ces lieux pendant les 10 jours d'ouverture de la liste d'inscription des candidats ; les électeurs pourraient déjà, jour par jour, consulter ou faire consulter ce tableau ; il pourrait être aussi pris, sans déplacement, communication des déclarations à l'appui.

La liste d'inscription des candidatures serait close à l'expiration des 10 jours, et copie en serait alors immédiatement adressée à chacune des communes dont les citoyens devraient participer à l'élection, en assez grand nombre d'exemplaires pour que l'affichage qui en serait fait fût une suffisante publicité dans chacune de ces communes. S'il s'agissait d'élections municipales, la mairie du lieu de l'élection n'aurait évidemment pas de copies à envoyer, mais seulement à en faire afficher dans l'étendue de sa commune. A partir de cette clôture de la liste d'inscription, indication serait faite sur le tableau de cette liste affichée au chef-lieu de l'élection, des candidats qui se retireraient, au fur et à mesure qu'ils en adresseraient leur déclaration écrite. Nouvelle copie du tableau ainsi augmenté de ces mentions, s'il y a eu lieu d'en faire, et définitivement clos à la fin du 4ᵉ jour avant l'élection municipale, et à la fin du 10ᵉ jour avant toute autre élection, serait transmise immédiatement aux communes par la mairie ou la préfecture, puis, aussitôt après, et toujours au chef-lieu d'élection, la liste des candidats non retirés formant la liste définitive des seuls candidats pour lesquels on pût voter utilement, serait immédiatement imprimée, par ordre alphabétique des noms, en bulletins de vote, et un de ces bulletins parviendrait à chaque électeur de la commune du canton ou du département, suivant la nature de l'élection, au plus tard la veille du jour fixé pour sa tenue.

Jusqu'ici, et pour l'accomplissement de ce premier article des formalités du mode de suffrage complet (la formation de la liste des candidats), point de coopération matérielle de l'électeur; rien à faire pour lui qu'à prendre ses renseignements consciencieux sur les candidats; — et puis, on ne voit pas qu'il y ait rien de bien compliqué non plus, pour les administrations qui en sont chargées, dans cette formation de listes.

Voyons plus loin. Il s'agit maintenant,

2° DE FORMULER LE VOTE ET DE LE DÉPOSER.

Eh bien! l'électeur muni, dès la veille au moins, de son bulletin de liste des candidats, aurait facilement, avant l'heure de l'élection, rempli ou fait remplir la case ménagée vis-à-vis de chaque nom de cette liste, de l'un des mots : *bon* ou *moins bon*, ou l'aurait laissée vide, suivant le sens affirmatif, intermédiaire, ou négatif de la valeur par lui attachée à ce nom. — Cela n'est certes pas difficile. — S'agirait-il même des 402 candidats (à supposer que la publicité

organisée n'en restreignît pas le nombre) qu'avait fait surgir
l'élection à faire de 34 représentants du peuple dans le département de la Seine, le travail matériel ne serait toujours au
maximum que de 402 petits mots à écrire, au lieu de trente-
quatre noms, et, nous posons en fait que ce léger surcroît de
travail matériel, serait au moral plus que compensé pour tout
électeur, par l'avantage qu'il verrait à n'avoir plus que des
réponses à faire à des questions bien posées, à la place de la
mission ingrate qui lui est donnée maintenant de se déterminer pour 34 noms entre des alternatives absolues et souvent
mal en rapport avec ce qui est dans sa pensée.

Quant au dépôt de son bulletin, il serait constaté suivant
le mode ordinaire, et tout serait fini par là pour l'électeur.

On comprend en effet qu'il n'y aurait jamais lieu à le rap-
peler pour un second tour de scrutin, du moins par défaut
de majorité absolue au 1er tour. Car pourquoi consulterait-
on de nouveau l'opinion, puisque tout serait dit sur chaque
candidat, que rien n'aurait été tenu en réserve. Le 2e tour
de scrutin ou tour des demi-suffrages, ainsi que nous avons
fait voir qu'on peut l'appeler, serait donc évidemment sans
objet: les suffrages de ce sens auraient été tous exprimés.

Ainsi il n'y aurait plus qu'à prendre en tête de la liste de
dépouillement du scrutin, dans l'ordre descendant de la valeur du total des trois sortes de suffrages exprimés sur chaque
candidat, le nombre des mandataires qu'il se serait agi d'é-
lire; on fixerait seulement, si on le croyait bon, un minimum de valeur qu'il faudrait atteindre pour être élu, par
analogie de ce qu'on a fait pour l'élection de l'assemblée nationale actuelle. Et si l'on suppose ce minimum le même pour
un cas pareil, et proportionnellement aussi faible pour les
autres cas, il n'y aurait pas à craindre qu'il fît souvent re-

commencer l'opération. On voit, au surplus, qu'elle n'a rien de difficile jusqu'ici, voici le reste qui est plus facile encore. Il s'agit.

3° DU DÉPOUILLEMENT DU SCRUTIN.

C'est ici, dans le mode actuel, comme on sait, la partie pénible, effrayante, et aussi toujours plus ou moins mal accomplie dans les grands et moyens centres de population.

Dans le mode complet que nous proposons, rien ne serait plus simple. Au moyen de listes de dépouillement portant en tête les noms des candidats rangés par ordre alphabétique, comme dans les bulletins, et sous chacun de ces noms, trois colonnes pour l'inscription des trois différentes valeurs de suffrage, il n'y aurait point à rechercher péniblement les noms appelés ; le suffrage serait inscrit aussitôt que désigné, et le dépouillement serait très rapide et bien plus exact.

A égalité de valeur des sommes de suffrages de deux candidats, ce serait celui dans la somme duquel il entrerait le plus de suffrages intermédiaires qui l'emporterait, parce qu'il en aurait par-là même un moindre nombre de négatifs ; et si l'égalité existait sur tous points, ce serait alors qu'on donnerait forcément la préférence au plus âgé.

Ainsi : — 1° Formation de la liste première, ou d'inscription des candidats par suite des déclarations de candidature ; transmission de cette première liste aux centres de population, pour qu'elle soit étudiée pendant un temps suffisant ; puis, clôture nouvelle et définitive de la liste, à vue des retraits de candidature qui seraient survenus, et transformation de cette liste définitive en bulletins de vote délivrés à temps utile à chaque électeur.

2º Vote de l'électeur, par émission en regard de chaque nom de la liste, de son appréciation suffisamment étudiée et munie de signes qualificatifs, dès lors bien plus expressive de sa propre pensée, bien mieux garantie contre les entraînements sans persuasion.

3º Enfin dépouillement très facile du scrutin, et jamais, ou très rarement, recours à un second vote.

Tel serait, en somme, le mécanisme simple du mode de suffrage direct et universel complété, et tels seraient les bons effets qu'il aurait encore pour attacher à la fonction électorale et la faire bien accomplir, indépendamment des résultats plus essentiels et portant sur le produit même de l'élection, dont nous croyons avoir démontré en premier lieu que le suffrage ainsi modifié serait susceptible.

Un magistrat d'un grand mérite, qui a bien voulu prendre connaissance de notre travail, nous disait, sentant combien il est important que le devoir du suffrage soit pris au sérieux, qu'il fallait y arriver absolument, au besoin par la peine de l'amende contre qui ne voterait pas; — mais cette réflexion nous est venue bientôt, que ce n'est pas dans la *contrainte* que Montesquieu a vu le ressort, le principe de vie d'un état démocratique, mais dans la *vertu*, c'est-à-dire dans le *civisme*; et nous avons confiance pour notre pays que cette base ne lui fera pas défaut.

Nous avons cru que ce serait pour l'assemblée nationale un moyen de plus de travailler à ce qu'il en fût ainsi, et d'engager toujours davantage la nation dans cette voie de la vérité et du civisme; seule inébranlable dans le bien, seule capable d'y faire converger toutes les forces, que d'étendre encore les qualités du suffrage universel et direct, en le faisant devenir *complet*.

C'est pourquoi, consultant nos intentions plus que nos ressources, nous avons publié ces observations, bien moins toutefois pour offrir à l'Assemblée des solutions que pour la solliciter à en chercher aux importantes questions que nous avons osé aborder.

POST-SCRIPTUM.

—

(Mode de vote proposé par Moralès en 1797.)

Le travail qui précède était déjà sous presse quand il nous fut donné connaissance d'un travail analogue contenu dans une brochure appartenant à la bibliothèque de la ville de Salins.

C'est un Mémoire d'un espagnol, le docteur don Joseph-Isidore Moralès, intitulé : *Essai sur le calcul de l'opinion dans les élections.*

Ce Mémoire a été traduit en français, en 1829, par notre estimable compatriote, le commandant D.-A. Bourgeois : l'auteur dans sa préface nous apprend que cet écrit (imprimé à Madrid en 1797), lui fut inspiré par un article du N° 83 de la *Décade philosophique*, en date du 20 thermidor an IV, (7 août 1796), qui rendait compte de la manière dont les membres de l'Institut national venaient d'élire à cinq places vacantes parmi eux, en appliquant pour la première fois le mode de vote que leur avait tracé leur loi constitutive du 15 germinal an IV (3 avril 1796).

Ils avaient eu à y procéder par attribution dans leurs bul-

letins de l'un des nombre 1, 2, 3 à chacun des trois candidats proposés, d'après la même méthode déjà, par chaque
place vacante : et, compte fait des quotités obtenues par
chaque candidat, la nomination avait été pour celui qui avait
eu la quotité la plus élevée.

C'est ainsi que Carnot avait obtenu la place de mécanique
par 250 unités ou valeurs contre 182 qu'avait eues Bréguet,
et 114 Janvier.

Bories avait été nommé pour l'astronomie par 225 valeurs
contre 196 qu'avait eues Jeaurat, et 147 Lacroix, et ainsi
de suite des autres places.

Dans son article, la *Décade philosophique* émettait la pensée que ce procédé était simple et commode, et méritait
d'être usité dans toutes les élections nombreuses.

Telle fut l'origine de l'écrit de Moralès, dont il donne
ainsi le plan dans sa préface :

« Chacun sait que dans le mode actuel d'élection par la
« pluralité absolue des suffrages il y a plus de routine que
» de précision et d'exactitude; mais on n'est pas encore
» parti de cette proposition pour déterminer avec rigueur
» et jusqu'à quel point les méthodes actuelles sont inexactes
» et vicieuses. Il faudrait d'abord analyser l'*opinion*, en
» sorte que cet être moral étant bien connu, on pût en con-
» clure un mode certain de l'énoncer, pour l'évaluer en-
» suite avec précision. Après avoir déterminé tous les élé-
» ments qui doivent entrer dans le calcul et les avoir repré-
» sentés par des signes convenables, l'analyse donnerait le
» moyen de faire toutes les comparaisons que l'on voudrait.
» Les résultats obtenus par ce procédé étant exprimés par
» des formules générales, feraient connaître la défectuosité
» des méthodes actuelles sous le rapport de la justesse et de

» l'exactitude ; et enfin on en déduirait la règle à suivre
» pour *voter* et *élire* d'une manière tout-à-fait indépendante
» des circonstances, qui rendent actuellement cette opéra-
» tion plus ou moins erronée.

» Tel est le plan que nous allons suivre dans ce Mémoire.
» Nous ignorons si quelqu'un des savants de l'Institut nous
» a précédé dans cette recherche. Il est indubitable que ce
» corps recommandable par ses lumières n'a pas fait choix
» de la méthode adoptée dans ses élections, sans être con-
» vaincu de son exactitude ; les statuts qu'il s'est prescrits
» dans sa nouvelle organisation en font foi. »

Puis insistant de nouveau à la fin de sa préface sur l'idée-
mère de son écrit, le docteur Moralès dit encore :

« Les différentes sortes d'élections ne devant être consi-
» dérées que comme autant de manières diverses d'énoncer
» l'*opinion* de chaque électeur à l'égard de tous les candidats,
» et de l'évaluer ensuite pour connaître, parmi ces derniers,
» celui qui en a réuni la plus grande quantité, on démon-
» trera par l'analyse, que les méthodes employées jusqu'à ce
» jour dans les opérations électorales, sont erronées et
» fausses, parce qu'elles sont fondées principalement sur la
» supposition qu'*élire*, c'est-à-dire désigner entre différents
» candidats celui qui réunit en sa faveur la plus grande
» quantité d'opinions, c'est la même chose que décider pour
» l'affirmative ou la négative d'une proposition, comme cela
» se pratique dans les décisions et sentences. Or, quand il
» s'agit d'opérations de cette espèce, la méthode de la plu-
» ralité absolue des suffrages est aussi juste qu'elle l'est peu
» dans les élections, dont la nature, si l'on y réfléchit bien,
» diffère essentiellement de celle qu'on a supposée. Cette
» vérité une fois éclaircie, on démontrera par le calcul com-

» bien les méthodes d'election usitées dans la pratique or-
» dinaire s'éloignent de l'exactitude, qui, dans cette ma-
» tière est inséparable de la justice. L'analyse fera voir
» ensuite combien est exacte et rigoureuse la méthode que
» l'on propose ; qu'elle est d'un usage aussi facile que les
» anciennes ; qu'elle est exempte de leurs vices ; et qu'elle
» oppose aux abus des obstacles difficiles à surmonter. »

Après cette préface, le docteur espagnol consacre 14 pa-
ragraphes sur les 124 qui composent tout son Mémoire, à
diriger contre le mode de vote qu'il faut attaquer encore 60
ans après lui, des critiques analogues à celles qui font l'objet
de nos deux premières questions. — Seulement nous avons
pris davantage nos démonstrations dans des raisonnements
et des comparaisons, tandis qu'ici elles ressortent surtout de
l'analyse et du calcul.

Un point curieux de cette première partie du travail de Moralès, c'est que notre ennemi commun, ce vote incomplet,
qu'il désigne par *vote d'une seule qualification*, et que nous
appelons *vote partiel ou seulement affirmatif*, remonterait
au commencement du XIIIe siècle ; la jurisprudence d'alors
crut avoir beaucoup fait pour opposer une digue aux abus et
à l'arbitraire qui présidaient aux élections, de prescrire quel-
ques règles et entr'autres celle-ci, qu'il faudrait les 2|3 des
suffrages ou au moins leur pluralité absolue pour qu'il y eût
élection.

C'était un progrès, sans doute, pour le temps ; aussi ap-
pelait-on les élections ainsi faites *canoniques*, *régulières*,
etc. ; mais fallait-il donc en rester là de siècle en siècle, et
aut-il s'y tenir encore aujourd'hui, qu'on sent tout ce qu'a
de décevant un tel procédé comme moyen d'expression de
l'opinion ?

Tout le surplus du Mémoire de Moralès forme, sous le titre de *Théorie des élections*, une seconde partie où l'analyse mathématique domine plus encore que dans la première ; les formules algébriques y sont même fréquemment employées ; mais comme le traducteur les a séparées du reste en en faisant des notes, sans nuire à la clarté de l'ouvrage, la lecture en est facile pour tout le monde autant qu'intéressante.

Différences entre le mode de vote que nous proposons, et celui de Moralès, et Raisons qui avaient déterminé notre préférence et la font subsister.

—

Comme on le voit, nous sommes d'accord avec le docteur espagnol sur les vices du mode actuel de vote, et aussi sur leur cause qui consiste, pour lui comme pour nous, en ce que ce mode de vote ne s'exprime pas et sur tous les candidats et sur chacun d'eux avec option entre assez de signes qualificatifs ; mais le procédé à substituer à celui-là n'est cependant point complètement le même des deux parts ; nous croyons le nôtre meilleur pour les cas qui nous ont préoccupé.

Le procédé de Moralès est celui des élections de l'Institut national, d'après la loi du 15 germinal an IV, appliqué exactement et quel que soit le nombre des candidats ; par conséquent, avec lui, autant de candidats, autant de signes d'expression ou de qualification ; et chaque candidat en a forcément un particulier et différent de tous les autres, puisque ce procédé consiste précisément à ranger tous les candidats suivant un ordre de mérite descendant; c'est le nom qui est choisi pour le signe, et non le signe pour le nom. Le premier préféré des noms est attribué au signe de la plus grande valeur, c'est-à-dire de la valeur du nombre total des candidats; le deuxième préféré est attribué à la valeur suivante, c'est-à-dire à celle de tout ce nombre moins un des candidats, ainsi de suite jusqu'au dernier qui a naturellement la valeur 1.

Dans notre procédé, au contraire, on a vu qu'il n'y aurait, quel que fût le nombre des candidats, que trois signes d'expression fixes : *bon, moins bon* et *nul* exprimé par le silence, auxquels correspondent les valeurs 1, 1\|2 et 0 ; — par conséquent, il serait forcé, dès qu'il y aurait plus de trois candidats, que ces signes ou valeurs fussent attribués plus d'une fois ; puis on pourrait se servir de chacune de ces qualifications autant et aussi peu que l'on voudrait, même pour tous les candidats, ou au contraire pour aucun.

Voici les motifs pour lesquels nous avions préféré et nous préférons encore cette méthode à l'autre:

1° Nous pensons que c'est assez du choix entre trois signes d'expression pour exprimer les divers états possibles de l'opinion, sur l'aptitude d'un citoyen, telle qu'elle est susceptible d'être sentie et appréciée dans les élections que nous avons en vue.

Nous comprenons que quand l'élection a pour base l'appréciation par des hommes spéciaux du degré d'avancement des candidats dans telle science, on recoure à la liste sériaire par ordre de mérite, comme à l'Institut; ou tout au moins à plus de trois signes d'expression, comme on le fait pour les examens dans quelques branches d'enseignement; (et toutefois les facultés, comme nous l'avons vu, se con-

tentent généralement de trois signes d'expression). — Mais
dans les appréciations électorales de l'ordre administratif ou
politique, qu'on peut appeler appréciations par sentiment et
par examen du caractère et de la vie du candidat, et non
pas du degré précis de son savoir; nous disons, et nous
croyons le dire avec l'assentiment général, qu'il suffit bien
de trois signes d'expression de l'opinion; qu'un plus grand
nombre serait une complication inutile, et que la liste sériaire en particulier serait en outre sujette à des incon-
vénients, comme on va le voir par notre 2° motif de préférence.

2° Nous avons encore été déterminé à préférer notre procédé à la liste sériaire de Moralès, par cette considération
qu'il serait souvent contrariant pour la pensée et la volonté
de l'électeur de ne pouvoir donner à plusieurs candidats
exactement le même signe d'appréciation. Combien de fois
n'arrive-t-il pas, surtout quand chaque vote porte sur tous
les membres de l'assemblée à élire, comme dans les élections
municipales, que l'on regarde plusieurs candidats, que l'on
voudrait voir élus ensemble, comme se complétant l'un par
l'autre; qu'on ne les sépare pas dans sa pensée, parce qu'ils
se complètent mutuellement la valeur qu'on leur assigne, et
qui est par conséquent la même. Ce serait donc aux dépens
de la vérité que le procédé contraindrait à leur en assigner
une différente. — Et cette propension à grouper des candidats se rencontre aussi bien pour la qualification intermédiaire et pour la négation ou le rejet, que pour l'affirmation.

Au surplus, nous répétons encore la réflexion par laquelle
nous avions terminé notre travail : notre but, en l'entrepre-
nant, n'a pas été et ne pouvait pas être de faire prévaloir des

solutions, mais seulement d'attirer l'attention de l'Assemblée nationale et des publicistes sur l'importance qu'il nous semble y avoir, pour la vie de notre institution-principe du suffrage universel et direct, à ce que les questions que nous avons soulevées à son sujet soient étudiées et résolues, sinon dans la Constitution, du moins dans les lois organiques.

Puissent nos forces avoir secondé nos désirs! ceux-ci sont ardents, parce que nous ne croyons à la réalisation du bien en France que par la démocratie; et nous ne croyons à la démocratie que par le *suffrage direct et universel, complet et vrai, facilement, honnêtement et sérieusement pratiqué.*

FIN.

Besançon, imprimerie de Bintot.